Saint Pierre d'Alcantara

Prêtre de l'Ordre

des Frères-Mineurs de l'Observance

1499-1562

PARIS. — BLOUD et Cie, Editeurs

SAINT PIERRE D'ALCANTARA
Prêtre de l'Ordre des Frères-Mineurs de l'Observance
(1499-1562).

Le XVI° siècle fut une époque glorieuse pour l'Église d'Espagne. Le cardinal Ximénès, Frère-Mineur de l'Observance, avait, sous le règne d'Isabelle la Catholique et durant sa régence, ranimé l'esprit religieux du peuple espagnol, uni ses forces, étendu ses conquêtes, et préparé cette puissance formidable dont Charles-Quint et Philippe II allaient se servir pour arrêter les progrès du protestantisme.

Peu après la mort de l'illustre Frère-Mineur, nous voyons apparaître au sein de cette catholique nation une pléiade de personnages vénérables qui jetèrent dans l'Église entière un éclat incomparable : saint Ignace de Loyola, fondateur de la Compagnie de Jésus ; saint François-Xavier et saint François de Borgia ; sainte Thérèse et saint Jean de la Croix, réformateurs du Carmel ; saint Jean de Dieu, fondateur de l'Ordre de la Charité ; saint Thomas de Villeneuve, de l'Ordre de Saint-Augustin ; saint Louis Bertrand, de l'Ordre de Saint-Dominique ; le vénérable Jean d'Avila. Dans l'Ordre de Saint-François : saint Pierre-Baptiste, saint Pascal Baylon, saint François Solano, les BB. Salvator d'Horta, Nicolas Factor, André Hibernon, Julien de Saint-Augustin ; parmi ces illustres membres de la famille de l'Observance en Espagne, appa-

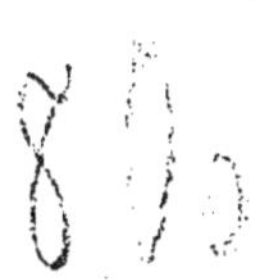

raît au premier rang saint Pierre d'Alcantara, dont nous allons
retracer à grands traits les mémorables vertus. Saint Pierre
d'Alcantara sera une des plus fermes colonnes de l'Eglise,
et l'un des saints les plus illustres de l'Ordre séraphique (1).

Ce grand Serviteur de Dieu reçut le jour, l'an 1499, à
Alcantara, ville située dans l'Estramadure, vers les fron-
tières du Portugal. Son père, Pierre Garavito, gentilhomme
d'un grand caractère et jurisconsulte distingué, exerçait les
fonctions de gouverneur d'Alcantara ; la mère de notre Saint,
Maria Villela de Sanabria, était issue elle aussi d'une grande
maison d'Espagne, et ne le cédait en rien à son mari par ses
rares qualités et sa solide vertu.

A l'école de ses pieux parents, Pierre puisa ce sentiment
précoce des choses divines qui accompagna, chez lui, le déve-
loppement de la raison. A six ans, adonné déjà aux pratiques
de la vie spirituelle, il se plaisait à prier en secret dans l'oratoire de la maison paternelle. On remarquait en lui un natu-
rel doux et agréable, une discrétion qui surpassait son âge ;
jamais, si contrarié qu'il pût être, on ne le vit s'irriter ni
s'écarter tant soit peu des règles de la modération. Appliqué
par ses parents à l'étude de la grammaire et de la philosophie,
Pierre fit de rapides progrès et surpassa bientôt ses condis-
ciples. On le voyait fuir les divertissements ordinaires à son
âge, rechercher la solitude pour s'y livrer à l'oraison ou à
l'étude, se plaire dans la conversation des hommes sérieux et
graves, des religieux surtout auprès desquels il pouvait
apprendre quelque chose des secrets de la vie spirituelle. Sa

(1) Saint Pierre d'Alcantara a eu pour principaux biographes le P. Jean
de Sainte-Marie, chronologue de la Province de Saint-Joseph, et le P. François Marchèse, de l'Oratoire. Le premier, qui fut presque contemporain du
Saint, a publié sa vie dans sa *Chronique de la Province de Saint-Joseph*
(p. I, l. I, ch. XII-XXXI). Le P. Marchèse écrivit en italien une vie beaucoup plus étendue, d'après les actes du procès de canonisation ; elle est,
disent les Bollandistes, *accuratissima et locupletissima* ; une édition parut
à Rome en 1667 ; une seconde à Venise en 1671 ; une troisième à Florence
en 1708 ; le livre du P. Marchèse fut traduit en français et publié à Lyon
en 1770. Le P. Laurent de Saint-Paul, Observant portugais, composa en
latin une vie publiée à Rome en 1669, où il ne fait pour ainsi dire que repro-
duire le travail du P. Marchèse. Les Bollandistes donnent la vie écrite par
le P. Jean de Sainte-Marie et celle du P. Laurent. Le continuateur de Wad-
ding a suivi généralement cette dernière biographie (*Ann. Min.*, t. XIX).
D'innombrables écrivains ont parlé soit *ex professo*, soit incidemment de
saint Pierre d'Alcantara. Nous avons suivi ici le P. Marchèse et le P. Jean
de Sainte-Marie.

piété et ses vertus jetaient déjà un tel éclat qu'on ne l'appelait que *le saint enfant.*

Un jour, l'un des domestiques de la maison le trouva à l'église, près de l'orgue, ravi en extase et si profondément absorbé en Dieu, qu'il lui fut impossible de le rappeler à la vie extérieure ; ce signe si précoce de sainteté fut un grand sujet de joie pour ses vieux parents ; aussi, le père ordonna qu'à l'avenir personne n'interrompît l'enfant dans son oraison, surtout lorsqu'on le verrait en extase.

Pierre avait une douzaine d'années lorsqu'il eut la douleur de perdre son père. Après quelque temps de veuvage, sa mère, cédant aux conseils de personnages sages et des membres de sa famille, épousa en secondes noces un gentilhomme d'Alcantara, nommé don Alphonse Barrantès de qui, par la suite, elle eut deux enfants. Ce gentilhomme appréciait les heureuses qualités de Pierre, l'aimait, veillait à son éducation, et résolut de l'envoyer à la célèbre université de Salamanque, pour y continuer ses études ; Pierre avait alors quatorze ans.

A Salamanque, son temps fut tout employé à l'étude et aux exercices de piété, de charité et de pénitence ; il avança avec une merveilleuse rapidité dans les études universitaires comme dans la science des Saints. Dans ses ferventes oraisons, Dieu lui inspira un sentiment très vif de l'instabilité des choses du monde et le désir d'embrasser la vie religieuse. Ces premières impressions furent presque aussitôt traversées par des aspirations contraires ; mais le jeune Serviteur de Dieu opposa la prière aux fascinations de l'ange des ténèbres, et, après quelques jours de luttes et d'incertitudes, il avait fait son choix entre Dieu et le monde.

En l'année 1515, Pierre Garavito, âgé seulement de seize ans, revêtait les livrées de la pauvreté franciscaine au couvent de Manjarès, chez les Déchaussés de la Custodie du Saint-Evangile. Le Seigneur avait voulu, par un prodige, lui montrer combien il agréait son éloignement du monde. Comme Pierre se hâtait de gagner ce saint asile, il fut arrêté dans sa marche par les eaux du Titar, que des pluies avaient grossi. N'apercevant point de barque, le jeune Serviteur de Dieu se mit en prière, et se trouva miraculeusement transporté sur l'autre rive.

Le couvent de Manjarès, où notre saint fut admis à faire

son noviciat, était situé en un lieu solitaire, sur le versant des montagnes qui séparent la Castille du Portugal. L'esprit du monde était sévèrement banni de cette pieuse demeure, tout y respirait la croix, la pénitence et la pauvreté, tout répondait aux secrètes aspirations du jeune novice. Dans cette arène, il allait engager contre la nature un de ces combats qui ne finissent qu'avec la vie. Le temps de son noviciat s'écoula dans la pratique de toutes les vertus, dans l'exercice surtout d'une continuelle oraison et des plus effrayantes austérités. Les rigueurs qu'il exerçait contre sa personne tenaient du prodige ; les sens étaient chez lui asservis et comme captifs, les objets extérieurs frappaient à peine ses regards. Tel était son recueillement habituel qu'après un an de séjour dans le couvent, il ne sut dire si l'église dans laquelle il priait tous les jours était voûtée ou plafonnée ; pendant qu'il était employé à la dépense, il laissa gâter des fruits appendus aux solives de l'office, et avoua ingénument ne les avoir pas même vus.

Après quelques années passées au couvent de Manjarès, notre Saint fut envoyé au couvent de Belvis. Là, il redoubla ses austérités ; ses nuits se passaient presque entières dans l'exercice de la contemplation et de la pénitence. La Custodie du Saint-Evangile ayant été incorporée à l'Observance en 1517, et constituée en Province en 1519, par le B. Gabriel Maria, sous le titre de Saint-Gabriel, les supérieurs songèrent à établir un couvent à Badajoz. Le P. Ange de Valladolid, Ministre provincial, désigna les religieux destinés à cette nouvelle fondation, et mit à leur tête frère Pierre d'Alcantara, bien qu'il n'eût point été encore promu au sacerdoce.

Le Serviteur de Dieu comptait à peine six années de religion ; tout en étant le Supérieur et le plus jeune, il se montra le plus humble et le plus actif. On le voyait remuer les terres, transporter les matériaux, encourager les ouvriers employés à la construction. Il veillait avec un soin particulier, afin que tout dans cette nouvelle maison fût conforme à la très haute pauvreté séraphique ; il n'acceptait d'aumônes qu'à proportion des besoins du jour, et se montrait ennemi de toute superfluité. Comme Supérieur, il conduisit ses religieux avec une sagesse consommée ; il ne leur imposait aucune obligation qu'il n'eût pratiquée le premier, les réprimandait avec douceur, et ne leur parlait qu'avec respect. Formés par ses saintes instructions, et par les exemples de sa vie d'oraison et de pénitence, les religieux de cette maison marchèrent à grands pas vers la perfection, et rendirent dans la suite de grands services à l'Eglise et aux âmes.

En l'année 1524, saint Pierre d'Alcantara, alors dans la vingt-cinquième année de son âge, fut promu au sacerdoce et reçut peu après les lettres patentes de prédicateur. A partir de ce moment, sa vie sera tout employée soit au ministère évangélique, soit au gouvernement de ses frères. Mais, avant de parler de ses travaux, disons un mot des vertus qui ont brillé en lui d'un éclat plus particulier.

La pénitence fut, on peut le dire, la vertu caractéristique de saint Pierre d'Alcantara. Il regarda son corps comme un ennemi qu'il soumit à un régime de fer, et avec lequel il ne se réconcilia jamais. Plongé sans cesse dans la méditation des souffrances de son Sauveur, il n'est pas de genre d'expiation qu'il n'inventât afin de s'associer aux expiations du Calvaire. Pendant vingt années, il porta sur les reins un cilice métallique dont les pointes lui déchiraient la chair. Pendant quarante-six ans, il prit deux fois toutes les nuits la discipline, après matines et à l'aurore ; ces flagellations étaient si rigoureuses que le pavé et les murs de sa cellule en étaient ensanglantés. Au cœur de l'hiver, il laissait la porte et la croisée de sa cellule ouvertes une partie de la nuit ; d'autres fois, il descendait au jardin, se jetait dans un étang glacé et endurait pendant deux et trois heures ce martyre. Ses veilles étaient continuelles. Sa nourriture consistait en un peu de pain noir, auquel il joignait aux jours de fête quelques herbages ; il ne but jamais de vin, même pendant la maladie. L'exercice de cette continuelle abstinence avait fini par émousser chez lui le sens du goût ; il ne distinguait plus si les substances étaient chaudes ou froides, amères ou douces, assaisonnées ou sans saveur.

Sainte Thérèse, dans le chapitre vingt-septième de sa Vie, nous parle ainsi des austérités de ce grand serviteur de Dieu : « Pendant quarante ans, dit-elle, jamais il n'avait dormi, de jour ou de nuit, plus d'une heure et demie. De toutes les mortifications, celles qui lui avait le plus coûté, dès le principe, c'était de vaincre le sommeil. Le peu de repos accordé à la nature, il le prenait assis, la tête appuyée contre un morceau de bois fixé dans le mur. Il ne se couvrait de son capuce ni par le soleil ni par la pluie, n'usait d'aucune chaussure, ne portait qu'un habit de grosse bure sur la chair, et par-dessus un petit manteau de même étoffe. Il lui était fort ordinaire de ne manger qu'une fois tous les trois jours. Un de ses compagnons m'assura qu'il passait quelquefois huit jours sans prendre de nourriture ; c'était probablement dans ces grands ravissements, où le jetaient les transports du divin amour. Dans sa jeunesse, il avait passé trois ans, me dit-il, dans une maison de l'Ordre, sans connaître aucun religieux, si ce n'est au son de la voix, parce qu'il ne levait jamais les yeux. Pierre d'Alcantara était déjà vieux quand j'eus le bonheur de le connaître. Son corps était tellement exténué qu'il semblait n'être formé que de racines d'arbres. »

Si sévère pour lui-même, le Saint était doux et plein de compassion pour les autres. Un jour, comme il engageait sainte Thérèse à modérer ses austérités : « Mon Père, lui répondit la Sainte, pourquoi tant d'indulgence à mon égard, et au contraire tant de rigueur lorsqu'il s'agit de vous ? » Pierre lui dit avec humilité : « Ma Mère, je n'ai nul mérite dans le régime que je suis ; chez moi, c'est affaire d'habitude. » Comme on l'invitait, dans sa vieillesse, à diminuer ses austérités, il s'y refusa en disant : « Entre mon corps et moi il y a un pacte ; le corps a promis de se laisser maltraiter sur la terre, j'ai promis de le laisser se reposer dans le ciel. » Aussitôt après sa mort, il apparut à sainte Thérèse et s'écria : « Bienheureuse pénitence qui m'a mérité une si grande gloire ! » De tous les saints de l'Ordre séraphique, saint Pierre d'Alcantara est peut-être celui qui a porté le plus loin les rigueurs de la pénitence.

Crucifié dans son corps, il le fut aussi dans son âme. La vie de ce grand Serviteur de Dieu ne fut à vrai dire, qu'un tissu d'afflictions et d'épreuves de toute sorte. Calomnié, persécuté, maltraité, jamais il ne fit entendre une plainte ; il était traité, disait-il, selon ses mérites. Aussi sa patience devint-elle proverbiale en Espagne : « Pour supporter un tel affront, disaient les Espagnols, il faudrait avoir la patience de saint Pierre d'Alcantara. »

Ce vrai disciple de saint François fut grand amateur de la

sainte pauvreté ; il voulait que cette vertu brillât dans toutes les maisons. Dans les couvents qu'il fonda, les cellules ressemblaient à des tombeaux, les portes en étaient si basses que pour entrer il fallait se courber. Il voulait du reste que la pauvreté fût aussi réelle qu'apparente et qu'elle affligeât effectivement la nature ; sa consolation était de manquer du nécessaire ; alors seulement il se croyait véritablement pauvre. Un Père Dominicain l'ayant aperçu un jour dans le jardin, les bras nus, parut s'en scandaliser ; le Saint montrant sa tunique qui séchait sur l'arbre voisin, dit à ce religieux : « Mon Père, s'il y a faute en cela, c'est l'Evangile qui a tort, puisqu'il ne nous accorde qu'une seule tunique. » Il ne porta jamais qu'un vieil habit couvert de pièces ; s'il le changeait, c'était pour en prendre un autre qu'il croyait plus usé et plus pauvre. Dans ses avis à sainte Thérèse, au sujet de la réforme du Carmel, il ne cessa d'insister sur la pratique d'une pauvreté absolue et d'un complet abandon à la divine Providence.

La sainteté de Pierre d'Alcantara était fondée sur l'humilité du cœur, sur les bas sentiments qu'il avait de lui-même. « Je suis un serviteur inutile, se disait-il souvent, et de nul profit dans la maison de Dieu. Que possèdes-tu, ô mon âme, que tu ne tiennes de Dieu ? Que rendras-tu au Seigneur pour tant de grâces reçues ? Je vous donne, Seigneur, le peu que je possède et que je peux vous offrir. » Etant Provincial et plus tard Commissaire général, on le voyait faire sa coulpe au réfectoire, baiser les pieds des religieux, remplir dans les communautés les offices les plus humbles et les plus pénibles, comme balayer la maison, laver la vaisselle, travailler le jardin, couper du bois dans la forêt voisine du couvent et le transporter sur ses épaules ; il se considérait en toute vérité comme le serviteur de ses frères.

Dans ses voyages, Pierre avait soin de n'arriver dans les villes que de nuit, afin de se dérober aux empressements des foules. Lorsque les évêques, les grands seigneurs et les rois eux-mêmes l'accueillaient avec de grandes marques de respect, il se disait à lui-même : « N'es-tu point mort au monde ? Sois donc comme un mort qui reste impassible au milieu des honneurs et des louanges. » La princesse Jeanne d'Autriche, fille de Charles-Quint, voulut le charger de la direction de sa conscience, mais l'homme de Dieu s'y refusa, préférant l'obscurité aux grandeurs, et il fit du reste agréer à l'Infante ses excuses. L'empereur Charles-Quint lui-même désirant le prendre pour confesseur, le fit appeler un jour ; le Saint s'en excusa et lui répondit qu'il trouverait dans son royaume des personnes beaucoup plus capables que lui. L'Empereur insista ; le Saint supplia alors le monarque de lui accorder du temps afin d'y réfléchir devant Dieu dans l'oraison. « Votre Majesté, lui dit-il, ne désire certainement en cette affaire que l'accomplissement de la volonté de Dieu. Si je ne reviens pas ici, Votre Majesté doit tenir pour certain qu'il n'entre point dans les desseins de Dieu que je réponde à ses désirs. » Rentré à son couvent de Pédroso, l'humble Serviteur de Dieu reçut dans l'oraison une lumière ; il se dit qu'il n'était point venu dans la religion pour chercher les honneurs, mais pour les fuir et vivre inconnu dans la solitude et les rigueurs de la pénitence ; l'Empereur ne le voyant pas revenir ne s'en offensa point, il conçut au contraire une plus haute estime de sa sainteté.

A cette sincère humilité de cœur, le Serviteur de Dieu joignait une grande mansuétude dans ses rapports avec le prochain. Ses jugements sur les hommes étaient empreints d'indulgence ; il attribuait à tous de bonnes intentions, même à ceux qui lui étaient opposés et entravaient ses œuvres. Les paroles peu charitables étaient comme autant de traits qui lui perçaient le cœur ; quelqu'un se permettait-il de médire du prochain en sa présence, il l'arrêtait à l'instant. Un jour, le comte d'Oropésa, son ami, se lamentait devant lui des désordres et des scandales dont le monde était rempli. « Que votre Seigneurie ne s'afflige point, lui dit aussitôt le Saint, car il y a remède à cela. — Mais, reprit le comte, quel remède peut-il y avoir à de si grands maux ? — Un remède très facile, répliqua le Saint ; que vous et moi soyons d'abord ce que nous devons être, et nous y aurons remédié en ce qui nous touche ; que chacun en fasse autant et la réforme sera sûrement efficace. Le malheur est que chacun parle de réformer les autres et nul ne songe à se réformer lui-même ; de cette manière le mal reste partout sans remède. » Le comte resta édifié de cette sage réponse, et en fit son profit.

Nous pourrions parler encore de la tendre charité de notre Saint pour les pauvres, les malades et les affligés ; de son amour de la concorde et de la paix ; disons seulement qu'il fut appelé à juste titre l'*Ange de la paix*, pour avoir non seulement pacifié des familles, mais des villes entières.

L'oraison occupa dans la vie de saint Pierre d'Alcantara une place immense. A toute heure, en tout lieu, le jour, la nuit, dans la cellule, à l'église, sur les chemins, partout il faisait oraison et se tenait en union avec Dieu. Le démon fit des efforts inouïs pour le détourner de ce saint exercice ; il prit, pour l'effrayer, des formes sensibles et se montra à lui dans de hideuses apparitions ; d'autres fois, l'esprit de ténèbres faisait pleuvoir sur lui des pierres si grosses, et en si grand nombre, que le bruit qui en résultait éveillait les religieux, et que le plancher était trouvé le lendemain couvert de ces projectiles. Mais loin de s'inquiéter de ces attaques, le Saint persévérait avec plus d'ardeur dans la prière. Dieu récompensa sa fidélité par le don d'une sublime contemplation, et en fit l'un des plus grands maîtres dans la science de l'oraison. Dès sa première entrevue avec saint Pierre d'Alcantara, sainte Thérèse comprit que le Serviteur de Dieu avait une longue expérience des communications divines. « Je lui rendis compte, dit-elle, de ma vie, de ma manière d'oraison, et tout de suite je compris qu'il m'entendait par l'expérience qu'il en avait. Il m'éclaira sur tout, et me donna une claire intelligence des visions extatiques. Il goûtait une inexprimable consolation dans le mutuel épanchement de nos âmes. »

Nous avons de saint Pierre d'Alcantara un *Traité de l'oraison* ; cet opuscule qui excita l'admiration de sainte Thérèse et du Père Louis de Grenade, se répandit rapidement dans toute l'Espagne et fut traduit dans les diverses langues de l'Europe. « L'oraison étant sa vie depuis tant d'années, dit la vierge séraphique du Carmel, il en a parlé dans ce livre d'une manière admirablement utile aux âmes qui s'adonnent à ce saint exercice. » Grégoire XV disait que ce livre avait été écrit sous l'inspiration de l'Esprit-Saint ; notre Saint était à ses yeux l'un des plus grands maîtres de la vie spirituelle.

Dans son *Traité de l'oraison,* saint Pierre d'Alcantara donne un très sage avis sur la discrétion que doivent garder les personnes spirituelles : « On en trouve, dit-il, qui, après avoir reçu de Dieu quelque faveur dans l'oraison, ne savent plus mesurer le temps, ni garder la discrétion dans les exercices de piété ; c'est là, à mon avis, un danger. Ils s'adonnent sans modération aux oraisons, aux veilles, aux macérations, jusqu'à ce que la nature succombe ; de cette manière, ils finissent par se rendre incapables de tout travail extérieur et de l'exercice même de l'oraison. Il importe donc d'user en ces choses d'une grande discrétion, surtout dans les commencements, où l'on a beaucoup de ferveur et peu d'expérience et de discrétion. »

Les oraisons de saint Pierre d'Alcantara étaient accompagnées le plus souvent d'extases et de ravissements prodigieux. Son corps, miraculeusement affranchi des lois du monde terrestre, suivait l'âme dans son essor vers le ciel. On vit fréquemment le Serviteur de Dieu s'élever d'un vol rapide à la hauteur des voûtes de l'église, d'autres fois planer dans l'espace au-dessus de la cime des plus grands arbres. La nuit, lorsqu'il priait à la clarté des étoiles, les pâtres du voisinage l'apercevaient dans les airs à genoux, à des hauteurs considérables. Dans ces transports aériens, son corps parut quelquefois transfiguré, lumineux, lucide comme un pur cristal, et participant en quelque sorte de la splendeur des corps glorifiés.

Se trouvant une fois dans le couvent de Pédroso, notre Saint contemplait de loin une grande croix qu'il avait fait planter sur le sommet d'une des montagnes voisines ; au souvenir de la Passion du Sauveur, il est ravi en extase, s'élève de terre, traverse l'espace, arrive au sommet de la montagne, et s'arrête devant la croix, soutenu en l'air, les bras étendus. De ses yeux jaillissent des rayons qui illuminent le signe de la rédemption ; de la croix partent aussi des rayons qui vont frapper le visage du Saint. En même temps, on voyait apparaître au-dessus de sa tête une nuée lumineuse qui se balançait dans l'espace et formait comme un pavillon. De cette nuée se détachaient des jets de lumière plus resplendissants que le soleil, qui illuminaient toute la montagne et une partie de la plaine. Jamais le beau ciel de l'Estramadure ne s'était illuminé de pareilles splendeurs. Les religieux accourus étaient présents à cette scène imposante, unique peut-être dans les fastes de l'Eglise ; saisis d'admiration, de crainte et de respect, il s'étaient prosternés ; on eût dit les Apôtres sur le Thabor. Le Saint, une fois revenu à lui, parut éprouver une vive confusion ; aussi il eut hâte de se dérober aux regards et de regagner à l'instant sa cellule.

Les extases lui survenaient fréquemment durant le saint Sacrifice de la messe. Après la consécration, il était entraîné par la véhémence du divin amour ; on le voyait alors s'élever de terre et rester absorbé en Dieu, un temps considérable, une fois revenu à lui, il reprenait l'action du saint Sacrifice jusqu'à la communion, après laquelle il était de nouveau ravi en Dieu. Cependant le Saint s'efforçait de cacher, autant qu'il était en lui, les dons surnaturels dont il était favorisé ; s'étant aperçu un jour que les jeunes religieux s'en entretenaient, il les en reprit : « Mes frères, leur dit-il, les extases ne constituent point la sainteté. Servons Dieu en esprit et en vérité ; attachons-nous aux dévotions solides ; pratiquons la loi de Dieu et les bonnes œuvres ; le reste n'est rien. »

Mais là ne se bornaient pas les grâces surnaturelles accordées à saint Pierre d'Alcantara. Le Seigneur daigna encore le favoriser des dons de guérison, de prophétie, de pénétration des cœurs, de bilocation ; les faits cités à cet égard par les biographes sont nombreux.

En diverses circonstances, le Saint pourvut miraculeusement à la nourriture de ses religieux, et cette nourriture lui fut quelquefois envoyée par le ministère des Anges. Il apparut de son vivant à plusieurs personnes qui se trouvaient à des distances considérables. Ayant eu à traverser la Guadina, le Tage, le Duero et trois autres grands fleuves, on le vit chaque fois marcher sur les flots comme sur la terre ferme.

Par ses ferventes prières, notre Saint obtint la cessation de la sécheresse et fit jaillir une source d'eau vive ; un jour qu'il prêchait en plein air, une pluie torrentielle s'étant abattue sur la contrée, son auditoire en fut miraculeusement préservé. Une autre fois, le feu ayant pris dans un de ses couvents, le Saint passa sain et sauf au milieu des flammes et éteignit l'incendie. Au couvent d'Arénas, il planta son bâton, et, sous l'action divine, cette branche desséchée prend aussitôt racine, se couvre de feuilles et de fleurs et produit en son temps des fruits délicieux ; le *figuier de Saint Pierre d'Alcantara* a toujours conservé une vertu miraculeuse. Se rendant un jour dans cette dernière communauté, notre Saint est surpris à l'entrée de la nuit par une épaisse bourrasque de neige et ne trouve pour abri que des ruines abandonnées d'une ancienne hôtellerie. Il met son compagnon à couvert dans un enfoncement ; pour lui, il se tient debout au milieu de ces murailles, exposé à la violence de l'ouragan ; mais, par un effet de la protection divine, les flocons de neige restent suspendus en l'air, et forment au-dessus de sa tête comme un dôme, sous lequel il passa commodément la nuit. Ainsi, Dieu semblait avoir communiqué à son fidèle Serviteur quelque chose de sa toute-puissance sur la création.

Saint Pierre d'Alcantara fut souvent favorisé des apparitions de Notre-Seigneur, de la très Sainte Vierge, dont il fut toujours le zélé serviteur, de saint Joseph, auquel il était particulièrement dévot, de saint Jean l'évangéliste, et de son séraphique Patriarche. Un jour que sainte Thérèse entendait la messe célébrée par l'homme de Dieu, elle le vit assisté de saint François d'Assise et de saint Antoine de Padoue ; le premier remplissait l'office de diacre, le second celui de sous-diacre. La Sainte fit part elle-même de cette merveilleuse vision à des personnes graves qu'elle entretenait de ses relations avec saint Pierre d'Alcantara.

Remarquons-le cependant, Dieu n'avait enrichi saint Pierre d'Alcantara de ces grâces exceptionnelles, et ne l'avait orné de si hautes vertus qu'en vue de la mission qu'il lui réservait au sein de son Église. Fidèle à cette mission, notre Saint ouvrira la voie du ciel à une multitude de pécheurs, conduira les âmes ferventes dans les sentiers difficiles de la perfection, et produira dans la grande Famille des Frères-Mineurs de l'Observance un nouvel épanouissement de l'esprit séraphique.

La vie entière de saint Pierre d'Alcantara fut consacrée au service des âmes. Toutefois, les premières années de son sacerdoce furent employées particulièrement à la prédication de l'Évangile ; dans la suite, malgré les charges qu'il eut à remplir dans l'Ordre, il trouva encore le temps d'évangéliser les peuples. Notre Saint prêchait de préférence les grandes vérités et, sans se préoccuper des vains ornements du langage, il s'appliqua à rendre les enseignements évangéliques intelligibles à tous les esprits. Ennemi de la fausse sagesse, il dit la vérité à tous, aux riches et aux pauvres, aux grands et aux petits, et ne transigea jamais avec les préjugés et les passions de son temps. Sa parole produisit sur les peuples une impression profonde ; d'ailleurs, sa personne, ses traits amaigris, son attitude recueillie, tout en lui prêchait.

On le vit, pendant plusieurs années parcourir les villes et les bourgades de l'Andalousie, annonçant partout le royaume de Dieu et la pénitence. Pour gagner des âmes, rien ne lui coûtait ; il voyageait à pied, bravant le soleil, la pluie et les neiges, se transportant partout où l'appelait une souffrance, partout où le bien des âmes réclamait sa présence. Dans l'exercice de son ministère, les pauvres et les petits eurent toujours ses préférences. Durant ces temps de mission, sa journée était employée à prêcher, à confesser, à catéchiser les enfants, à visiter les pauvres et les malades, à réconcilier les ennemis ; la nuit il se retirait en quelque endroit écarté pour se livrer à la contemplation, et macérer son corps par de sanglantes flagellations. Le Serviteur de Dieu ne l'ignorait pas : le sang de l'apôtre mêlé au sang de Jésus est une rosée féconde, qui prédispose les âmes à recevoir la lumière et la chaleur de la grâce.

A la fin de chaque station, le Saint faisait ériger, soit sur les places publiques, soit dans les carrefours, et préférablement au sommet d'une montagne, une grande croix, afin de rappeler au peuple les vérités qu'il lui avait annoncées, afin surtout de graver dans le cœur de tous le souvenir du bienfait de la Rédemption. C'est ainsi qu'il en éleva une sur le célèbre pic de la Gata ; il avait fait préparer une croix colossale que deux hommes vigoureux auraient eu de la peine à soulever ; il voulut se réserver l'honneur de porter seul ce précieux fardeau, et c'est à genoux qu'il gravit la montagne, chargé de cette énorme croix, inondant le chemin du sang qui coulait de ses membres meurtris. Arrivé au sommet, il souleva sans peine cette lourde croix et, seul, la planta dans le creux qui avait été préparé. L'usage de la *plantation des croix de mission* se répandit depuis en Espagne et dans le reste de l'Europe.

Les fruits des prédications de notre Saint furent abondants ; la multitude de pécheurs qu'il ramena à Dieu est incalculable ; on vit des hommes du monde, des seigneurs du plus haut rang, réformer leur conduite et s'engager dans les sentiers de la vie parfaite sous l'habit du Tiers-Ordre de Saint-François, tandis que d'autres se séparaient entièrement du monde pour se sanctifier dans la solitude du cloître. Saint

Pierre d'Alcantara établit l'Ordre de la Pénitence en beaucoup
de villes ; par ses conseils, plusieurs monastères de Pauvres-
Clarisses furent érigés, notamment celui de Lisbonne, qui
eut pour fondatrice l'Infante dona Maria, et dans lequel on
vit entrer plusieurs jeunes filles de la Cour. Il dirigea enfin
dans les voies de la perfection un grand nombre d'âmes vrai-
ment saintes. Saint Pierre d'Alcantara fut l'un des grands
maîtres de la vie spirituelle en ces provinces, qui comptaient
déjà Jean d'Avila, Louis de Grenade, Balthazar Alvarez et
tant d'autres vénérables personnages si éclairés dans la
conduite des âmes.

Une vie sainte, et marquée par tant de prodiges, attira à
saint Pierre d'Alcantara la vénération universelle ; de toute
part on venait le visiter, réclamer ses conseils, solliciter le
secours de ses prières. Les plus hauts et les plus saints personnages de son temps voulurent être en relation avec lui.
Le comte d'Oropesa, si filialement attaché à notre Saint, les
comtes de Mirabel, de Niéba, de Torréjon, de Chiaves et plusieurs autres Grands d'Espagne, s'estimaient honorés de le
recevoir dans leur palais, et se dirigeaient d'après ses conseils.
Jean III, roi de Portugal, obtint des Supérieurs de l'avoir
quelque temps auprès de lui, afin de le consulter sur diverses
affaires qui concernaient sa conscience et les intérêts de
l'État. Ce prince déclara ensuite que les vertus du P. Pierre
d'Alcantara dépassaient de beaucoup sa réputation. Le
prince Louis, frère du roi, et la princesse dona Maria, voulurent se placer sous la direction de l'homme de Dieu ; plusieurs seigneurs de la Cour, touchés de ses paroles et de la
sainteté de sa vie, réformèrent leurs mœurs, quelques-uns
même embrassèrent la vie religieuse. La cour d'Espagne
n'avait pas moins de vénération pour notre Saint ; Charles-
Quint disait de lui : « Il n'appartient pas à la terre, c'est un
ange du ciel. »

Des prélats éminents, les évêques d'Avila, de Coria, de Placencia, de Badajoz, de Tolède, regardaient Pierre d'Alcantara comme un apôtre et l'appelaient à l'envi dans leurs
diocèses. Le vénérable Jean d'Avila, que ses contemporains
ont à juste titre surnommé l'*Apôtre de l'Andalousie,* voulut
voir Pierre d'Alcantara, dont la voix publique proclamait la
sainteté ; il l'invita à venir à Séville, et eut avec lui d'intimes

communications. Le P. Louis de Grenade, de l'Ordre de Saint-Dominique, fut l'un des plus célèbres admirateurs de notre saint ; il lui faisait de fréquentes visites et recourait souvent à ses conseils. Il le pria un jour d'examiner devant Dieu quelle direction il devait donner à ses travaux ; le Saint lui répondit qu'au lieu de prêcher il devait écrire, et que ses écrits feraient le plus grand bien aux âmes désireuses d'avancer dans la perfection. Louis de Grenade commença aussitôt par composer son *Traité de l'oraison* ; il publia ensuite ses autres ouvrages, remplis, comme l'on sait, d'une céleste doctrine. Saint François de Borgia, de la Compagnie de Jésus, lié lui aussi d'une étroite amitié à saint Pierre d'Alcantara, lui écrivait à la date du 22 août 1557 : « Vos grands travaux, Dieu le sait, sont une des consolations de ma vie. J'irais volontiers m'abriter sous le toit de votre petite solitude, et m'y croirais en paradis ; mais j'appprends que Notre-Seigneur vient d'appeler à lui le bon évêque de Badajoz. L'apparition que je comptais faire dans cette ville étant aujourd'hui sans objet, je me rends directement à Évora. Je m'occuperai en Portugal des affaires de votre Révérence. Au retour, s'il plaît à Dieu, je vous verrai et nous causerons... »

On connaît les relations de saint Pierre d'Alcantara avec sainte Thérèse, dont il fut le *premier* et le *principal coopérateur,* dans la réforme du Carmel.

Dieu avait préparé la vierge d'Avila à cette grande œuvre par des grâces exceptionnelles ; cependant ceux à qui elle s'en ouvrait, et de qui elle attendait la lumière pour guider son inexpérience, jugeaient ses voies fausses et dangereuses. Ses directeurs, ses supérieurs, esprits d'ailleurs éclairés, exempts de préjugés et de passion, la croyaient dans l'illusion, et ne voyaient dans l'œuvre de Dieu en elle qu'une œuvre satanique. De là, pour la Sainte, des épreuves, des afflictions, des persécutions qui durèrent plusieurs années.

En 1558, un religieux de la Compagnie de Jésus, le Père Balthazar Alvarez, homme très éclairé dans la vie spirituelle, fut appelé à la diriger ; mais cette nouvelle direction exercée sous l'influence de l'entourage de la Sainte, ne fit qu'accroître ses peines et ses perplexités. Les choses en étaient venues à ce point, que Thérèse de Jésus appréhenda d'être abandonnée des confesseurs. « Je craignais, disait-elle, de voir venir le moment où je ne trouverais plus de confesseurs, et où tous me fuiraient. Je ne faisais que pleurer ; mes angoisses étaient assez fortes pour me faire perdre l'esprit. »

Dieu voulut mettre un terme aux épreuves de sa Servante ; il lui envoya saint Pierre d'Alcantara, qui touchait au terme de sa carrière. Dès la première entrevue, Thérèse se sentit soulagée ; elle ouvrit au Saint toute son âme, lui rendit compte de sa vie, de son oraison, des faveurs dont Dieu la comblait ; pour la première fois elle eut le bonheur de se sentir comprise. Le guide expérimenté, dont elle invoquait les lumières, l'assura que Dieu était l'auteur des visions et des opérations merveilleuses qui s'étaient produites en elle ; il la consola, l'encouragea et lui donna ses avis pour l'avenir. Le Saint ne s'en tint pas là, il crut devoir éclairer et redresser l'opinion publique. Il alla trouver d'abord le P. Balthasar Alvarez, directeur de la Sainte, et lui démontra par des raisons décisives que les visions de Thérèse étaient véritablement divines, et qu'au lieu de l'inquiéter à ce sujet il devait à l'avenir la rassurer et l'encourager ; le P. Balthasar Alvarez déféra aux lumières et à l'expérience de l'homme de Dieu. Pierre d'Alcantara fit une semblable démarche auprès de l'évêque d'Avila, prévenu également contre la Sainte ; il vit et éclaira successivement toutes les personnes que Thérèse avait eues jusque-là pour adversaires.

Ces heureux résultats sont constatés par Diégo de Yepez, évêque de Tarragone, dans son *Histoire de sainte Thérèse.* « Le P. Pierre d'Alcantara, dit-il, eut avec la sainte Mère des communications intimes, et mieux que tout autre il put apprécier l'élévation de son esprit et la sainteté de sa vie. C'est lui qui, par l'autorité de son caractère, ramena l'évêque prévenu et le gagna à la sainte Réformatrice. Il conçut une telle opinion de la sainteté de Thérèse, qu'il avait coutume de dire qu'après les vérités de la foi, rien ne lui paraissait plus certain que l'action en elle de l'Esprit-Saint ; aussi l'aidat-il toujours dans ses épreuves et dans ses fondations. Le P. Diégo Bagnez, de l'Ordre de Saint-Dominique, qui fut plus tard le directeur de sainte Thérèse, rend un semblable témoignage à notre Saint.

Thérèse étant tombée dans de nouvelles perplexités, par suite de quelques contradictions soulevées de nouveau contre elle, le Saint, qu'elle en avait informé, lui écrivit pour la rassurer, la consoler, et lui adressa un remarquable écrit, où il pose avec une admirable précision les règles du discernement des esprits.

Mais là ne devait pas se borner la mission de saint Pierre d'Alcantara auprès de la vierge d'Avila ; il sera son premier coopérateur dans l'œuvre de la réforme du Carmel. Le couvent de l'Incarnation d'Avila, où vivait Thérèse, aussi bien que les autres maisons de l'Ordre, ne gardait plus, dans son intégrité, la Règle donnée au Carmel en 1209 et approuvée par Honorius III. Notre-Seigneur inspira à sa Servante de se séparer de sa communauté, et de fonder une nouvelle maison où la Règle fût rigoureusement observée ; l'ordre exprès lui fut donné à plusieurs reprises de s'employer à cette œuvre. Le projet rencontra de formidables oppositions. Thérèse fut traitée de folle et de visionnaire, et fut même blâmée et désavouée par ses propres supérieurs.

Dans une situation aussi difficile, Thérèse recourut aux lumières de saint Pierre d'Alcantara ; elle lui écrivit et lui rendit compte de tout ce qui s'était passé. Le Saint lui répondit qu'elle devait obéir aux ordres de Dieu ; il l'engagea à ne se laisser arrêter par aucun obstacle, et à compter sur l'assistance de saint Joseph à qui devait être dédiée la nouvelle maison. Peu de temps après, le Saint vint visiter Thérèse à Avila, l'instruisit des moyens à prendre pour commencer l'œuvre de la réforme, et voulut qu'elle sollicitât sans aucun retard le Bref nécessaire à la fondation.

L'homme de Dieu s'employa ensuite à préparer quelques sujets destinés au nouveau Carmel. Une jeune fille noble, Isabelle Ortéga, qui songeait à entrer chez les Pauvres-Clarisses du royal monastère de Madrid, vint le consulter afin de s'assurer de la volonté de Dieu. Le Saint lui répondit : « Je loue, ma fille, votre pieux dessein, mais vous n'entrerez point dans notre communauté de Madrid, bien qu'elle renferme des âmes très saintes et très vertueuses. Dieu vous veut religieuse dans le Carmel réformé qui doit se fonder à Avila. » Isabelle parut troublée et peu satisfaite de cette réponse, d'autant que ce projet de réforme lui paraissait irréalisable. « Ma fille, reprit le Saint, le Seigneur dissipera bientôt tous ces nuages ; il inspirera à quelques religieux du même Ordre

de laisser les chaussures pour embrasser la même réforme, et ainsi se trouvera affermi ce nouvel Institut de religieuses. » La prophétie de saint Pierre d'Alcantara s'accomplit à son heure, de point en point.

Vers l'année 1561, notre Saint étant de passage à Avila, Thérèse lui demanda si le nouveau Carmel devait, conformément à la Règle primitive, ne point posséder de revenus. Le Serviteur de Dieu se prononça nettement pour la plus étroite pauvreté, et lui cita l'exemple des Pauvres-Clarisses du royal monastère de Madrid, qui, appartenant aux premières familles du royaume, avaient voulu, à l'exemple de leur sainte Fondatrice, ne rien posséder en ce monde et vivre du pain de la charité.

Vers la fin de la même année 1561, Thérèse eût désiré que le Saint se trouvât à Avila pour avoir ses conseils sur une affaire ayant trait à la nouvelle fondation. Dieu fit en faveur de sa Servante un double miracle ; le Saint connut par révélation ce qu'elle désirait lui communiquer, et, sans quitter le couvent d'Arénas, il lui apparut et lui donna tous les conseils dont elle avait besoin.

Au commencement de l'année 1562, Thérèse de Jésus se trouvant à Tolède, auprès de la marquise Louise de la Cerda, invita le Serviteur de Dieu à se transporter dans cette ville ; elle lui exposa les difficultés que rencontrait le projet de fonder le nouveau Carmel sans revenus ; on lui alléguait en faveur des revenus des raisons tellement plausibles et pressantes qu'elle ne savait comment y répondre. Ce grand amateur de la sainte pauvreté répondit sans hésiter que les maisons de la réforme devaient être établies sans revenus ; il résolut toutes les objections et confirma Thérèse dans son premier dessein. Ayant su que l'évêque d'Avila s'était rangé du côté des opposants, notre Saint, sans tenir compte de son âge et de ses infirmités, se rendit auprès du prélat et finit par obtenir son assentiment. Notre-Seigneur lui était apparu et lui avait fait connaître sa volonté que le nouveau Carmel fût fondé sans revenus, et selon les règles de la plus étroite pauvreté.

Après l'heureuse issue de cette affaire, sainte Thérèse fut en butte à de nouvelles contradictions : des théologiens, des canonistes persistaient à censurer l'absolue pauvreté qu'elle désirait embrasser ; inquiète d'une opposition si persistante, la Sainte en référa au Serviteur de Dieu. Elle reçut de lui, sous la date du 14 avril 1562, cette magnifique lettre que l'annaliste des Carmes, le P. François de Sainte-Marie, appelle une explication et presque une page de l'Évangile ; voici un extrait de ce document :

« Ma révérende Mère, que le Saint-Esprit remplisse l'âme de votre sainteté. J'ai reçu la lettre que vous m'avez adressée par don Gonzalez de Aranda. J'éprouve, je l'avoue, quelque surprise de vous voir appeler des savants à résoudre une question qui n'est nullement de leur compétence. Les litiges et les cas de conscience peuvent être du ressort des canonistes et des théologiens ; les questions de vie parfaite ne se traitent qu'avec ceux qui professent ce genre de vie. Pour traiter une matière, il faut la connaître. Ce n'est pas à un savant de décider si vous et moi devons ou non pratiquer les conseils évangéliques. Mettre ceci en question, serait déjà un commencement d'infidélité. Le conseil de Notre-Seigneur est toujours bon ; il ne paraît inexécutable qu'à l'incrédulité ou à l'humaine prudence. Qui donna le conseil donnera les moyens. Tout mauvais qu'ils sont, les hommes, s'ils donnent un avis, veulent que cet avis réussisse. Seule la souveraine Sagesse aurait-elle donné à ses disciples des avis impraticables ? Si votre sainteté est résolue à suivre la voie la plus parfaite, rien ne l'en empêchera ; le conseil de Jésus-Christ est pour les femmes aussi bien que pour les hommes, et réussira à vous comme à tous ceux qui, avant vous, l'ont suivi... Les abus, dans les monastères qui ont renoncé aux rentes, tiennent à ce que la pauvreté y est subie, au lieu d'y être désirée. Je ne loue la pauvreté qu'autant qu'elle est supportée avec patience, désirée, recherchée pour l'amour de Jésus crucifié. En ceci comme en tout, je crois fermement et inébranlablement à la parole du Maître ; j'estime les conseils évangéliques excellents, parce qu'ils sont divins ; et, tout en reconnaissant qu'ils n'obligent pas sous peine de péché, je crois plus parfait et plus agréable à Dieu de les suivre que de ne les suivre pas. Appuyé sur la parole du Sauveur, je tiens pour heureux les pauvres d'esprit, les pauvres volontaires. Je pourrais en cette matière alléguer mon expérience personnelle, si je n'avais en la parole de Dieu plus de foi qu'en ma vaine expérience. Que le Seigneur éclaire votre sainteté, rende sensible à votre esprit cette vérité et vous donne le courage de la suivre... Ceux qui ne pratiquent pas les conseils se sauvent, il est vrai, par la pratique des commandements, mais en général ils manquent de lumières et jugent mal des choses élevées. Il sera donc sage de préférer à leurs avis les avis de Notre-Seigneur qui donne avec le conseil, le moyen de l'exécuter, et récompense éternellement celui qui, renonçant aux choses terrestres, a mis en lui tout son espoir. »

Cette lettre produisit sur l'esprit de la sainte Réformatrice une impression profonde ; elle suivit le sage conseil de son vénérable coopérateur, et rien ne fut plus capable de l'ébranler. Saint Pierre d'Alcantara s'était transporté à Avila, afin de hâter les travaux d'appropriation du nouveau monastère ; il avait à cœur de voir, avant de mourir, l'œuvre terminée.

Vers le milieu de l'année 1562, sainte Thérèse quittait Tolède pour rentrer à Avila ; au même moment, saint Pierre d'Alcantara, malade à Arénas, recevait de Notre-Seigneur l'ordre de retourner dans cette ville. L'enfer venait de soulever une tempête contre l'œuvre de la réforme ; les habitants ne voulaient point entendre parler d'une fondation sans revenus, les projets de la Réformatrice étaient traités de folie, et, sous la pression de l'opinion publique, l'évêque avait retiré son approbation. Le Saint comprit que cet orage avait été déchaîné par l'enfer et ne s'en effraya point ; il vit, l'un après l'autre, les plus puissants adversaires de l'œuvre, leur fit entendre le langage de la vérité, et amena peu à peu l'apaisement des esprits ; l'évêque revint lui aussi de sa décision. Sur ces entrefaites, le Bref de fondation arriva, les derniers travaux d'appropriation furent accélérés, quatre postulantes, choisies et préparées par le Saint lui-même, allaient former le noyau de la réforme ; tout était préparé pour l'inauguration du nouveau Carmel ; néanmoins, pour laisser se calmer entièrement l'effervescence de l'opinion publique, on retarda encore un peu la prise de possession du monastère de Saint-Joseph. La communauté fut enfin installée le 24 août 1562 ; ce jour-là furent posées les bases de la réforme de l'Ordre du Carmel.

Saint Pierre d'Alcantara n'était point présent à cette cérémonie ; il avait tout préparé, avait recommandé l'œuvre à l'évêque, et s'était éloigné d'Avila, appelé ailleurs par les devoirs de sa charge. Sainte Thérèse, en le quittant, savait qu'elle ne devait plus le revoir sur la terre ; elle le remercia avec effusion de tant de services qu'il lui avait rendus et se recommanda à ses prières. Le sentiment de sa gratitude s'est perpétué dans les paroles suivantes consignées dans l'histoire de sa vie : « C'est lui, dit-elle, *qui fit véritablement tout* ; s'il ne fût venu en cette circonstance, je ne sais comment nous aurions pu réussir. Le saint vieillard passa ici huit jours au plus, il y fut malade, et Dieu l'appela à lui peu après. Sa divine Majesté semblait n'avoir prolongé sa vie que pour conduire à terme notre entreprise, car depuis plus de deux ans, si je ne me trompe, ses forces étaient entièrement épuisées. »

Saint Pierre d'Alcantara fut donc le principal promoteur de la réforme du Carmel et le premier coopérateur de sainte Thérèse. Saint Jean de la Croix, le second coopérateur de la vénérable Réformatrice, n'entra dans l'Ordre qu'en 1563, une année après la mort de saint Pierre d'Alcantara ; en 1568, il inaugura le premier couvent de Carmes Déchaussés, et fut associé à sainte Thérèse dans la propagation de la réforme. Le P. François de Sainte-Marie, annaliste des Carmes Déchaussés, après avoir rappelé les travaux de saint Pierre d'Alcantara pour aider la séraphique mère Thérèse, déclare que sa Réforme l'honore comme son Père. « Nostra Reformatio... plena voce nominat patrem. » Nous lisons enfin dans le Décret de canonisation de saint Pierre d'Alcantara : « Il aida sainte Thérèse avec un zèle infatigable dans l'établissement de la réforme du Carmel, de telle sorte que, d'après le témoignage de l'illustre Vierge, il doit être considéré comme *le principal promoteur* de cette réforme. Il entreprit à cet effet beaucoup de voyages, supporta beaucoup de fatigues, et apparut plus d'une fois à la Sainte pour l'assister de ses conseils. »

Quatre jours avant de mourir, le Saint voulut écrire à sa fille spirituelle. « Quelque temps avant de quitter l'exil, dit sainte Thérèse, il m'écrivit. Instruit de l'opposition faite à notre fondation et de la persécution dirigée contre nous, il en ressentait, disait-il, une joie extrême ; suivant lui, cette tourmente du démon était signe que Notre-Seigneur serait, chez nous, fidèlement servi. Je devais, ajoutait-il, ne jamais consentir à posséder des revenus ; la recommandation était répétée deux ou trois fois. Si je me conformais à ce conseil, il se rendait garant que l'œuvre réussirait au gré de nos vœux. »

Du haut du ciel, le Saint continua à protéger sa chère famille du Carmel, plusieurs fois il apparut à sainte Thérèse dans l'intérêt de la réforme ; la séraphique Mère nous apprend qu'il ne lui fut pas moins utile après sa mort que durant sa vie. Si elle rencontrait des obstacles dans ses fondations, le Saint lui apparaissait pour l'encourager et lui indiquer les moyens de vaincre la difficulté. Dans ces apparitions, il lui rappelait souvent les avis qu'il lui avait donnés autrefois au sujet de la pauvreté. La séraphique Mère, faisant construire au couvent d'Avila le mur du jardin, dit aux ouvriers de crépir ce mur avec de la chaux, afin qu'il fût plus solide. Le Saint lui apparut pour l'avertir que ceci était contre la pauvreté ; il ajouta que l'habitation des pauvres évangéliques devait être différente de celle des riches du siècle. La sainte Mère voulut lui exposer la raison qui l'avait engagée à employer la chaux : « Si le mur tombe, reprit le Saint, il se trouvera toujours quelqu'un pour le relever. » Après avoir dit ces paroles il disparut.

L'union établie entre saint Pierre d'Alcantara et sainte Thérèse s'est perpétuée depuis entre les membres des deux Ordres (1).

Les travaux de saint Pierre d'Alcantara ne furent pas moins féconds pour accroître dans son Ordre l'esprit du séraphique Patriarche. Nous l'avons vu entrer en 1515 chez *les Déchaussés* de la Custodie du Saint-Évangile ou d'Estramadure. Nous devons dire ici un mot des origines de cette fraction de la

---

(1) D'autres souvenirs encore unissent les fils du Carmel aux disciples de Saint François. Lorsque les deux patriarches, saint Dominique et saint François, se rencontrèrent à Rome, dans l'église de Saint-Jean de Latran, saint Ange, de l'Ordre des Carmes, prêchant alors dans cette basilique, déclara du haut de la chaire que parmi ses auditeurs se trouvaient deux colonnes de l'Église. Après le sermon, il vint saluer les deux Saints, les félicita du grand fruit qu'ils devaient produire dans les âmes et prédit à saint François la miraculeuse impression des stigmates ; celui-ci, à son tour, prédit à saint Ange le martyre. L'annaliste Rodulphe rapporte le fait en ces termes : « Angelus ex suggestu descendens dixit beato Francisco : Salve humilitatis exemplum, tu corporaliter portabis stigmata Christi. Cui respondit B. Franciscus : Et tu in Siciliâ martyrio coronaberis. Beatus vero Dominicus, qui cum beato Francisco aderat, respondit : Amen. » (P. I, p. 12.) En raison de cette liaison de saint Ange et de saint François, le Prieur général des Carmes demanda au Chapitre général de l'Observance, tenu à Victoria en 1691, que des relations plus intimes fussent établies entre les deux Ordres.

famille des Frères-Mineurs de l'Observance, dont Pierre d'Alcantara va devenir le propagateur.

Le B. Jean de la Puebla, fils aîné d'Alphonse de Sotomayor, comte de Belalcazar et allié à la famille royale d'Espagne, avait fait un voyage à Rome, vers l'année 1480 ; à cette époque, les Frères-Mineurs de l'Observance faisaient refleurir dans le monde entier l'esprit du séraphique Patriarche ; la ferveur qui régnait dans leurs communautés toucha profondément le gentilhomme espagnol et lui inspira le désir d'entrer dans cette Famille religieuse. Après dix années passées chez les Observants d'Italie, le B. Jean de la Puebla, retourna en Espagne, où l'Observance avait été établie, au commencement de ce même siècle, par saint Pierre Régalat et les BB. Pierre de Villaclet, Pierre Santoyo et Lopez de Salazar (1) ; il fonda en 1490, sur les hauteurs de Sierra-Morena, le couvent de Notre-Dame-des-Anges et donna naissance à une austère Custodie d'Observants, appelée Custodie des Saints-Anges, qui fut toujours soumise au Vicaire général des Observants Ultramontains.

Après la mort du B. Jean de la Puebla, arrivée en 1497, le B. Jean de la Guadeloupe, l'un de ses disciples, se sépara vers l'an 1500 de la Custodie des Saints-Anges, pour fonder, en dehors de l'Observance, la Custodie du Saint-Evangile avec des Constitutions beaucoup plus austères. Ses disciples furent nommés d'abord *les Frères du Saint-Évangile*, et aussi *les Frères du Capuce* ; ils ont été appelés depuis *Déchaussés*, parce qu'à l'origine ils allaient nu-pieds et sans sandales. Le B. Jean de la Guadeloupe, promoteur des Déchaussés en Espagne et en Portugal, s'endormit dans le Seigneur en 1506.

Quelques années après, en 1515, saint Pierre d'Alcantara entra, comme il a été dit, chez les Déchaussés, qui à cette

A cette occasion, l'Office de Notre-Dame du Mont-Carmel fut introduit dans notre Ordre. Les Constitutions générales des Frères-Mineurs de l'Observance portent en outre cette inscription : « Nous voulons que le respect et la charité paraissent surtout à l'égard des Frères-Prêcheurs, ainsi que nous le dirons plus loin ; puis vis-à-vis des Carmes, pour cette raison qu'une étroite charité et une mutuelle communication des secrets du ciel unissaient saint Ange, martyr de l'Ordre du Carmel, et N. P. saint François. C'est pourquoi nous ordonnons à tous et à chacun de cultiver et de témoigner en toute rencontre l'amitié sainte et mutuelle qui nous unit aux religieux de cet Ordre. »

(1) Voir la *Vie de saint Pierre Régalat* (13 mai), t. II, p. 159. Note 1.

époque étaient encore séparés des Observants ; mais, en 1517, Léon X incorpora à la grande Famille de l'Observance la Branche des Déchaussés, qui renfermait seulement la Custodie du Saint-Evangile en Espagne, et celle de la Pitié en Portugal.

En 1519, le B. Gabriel Maria, Commissaire général des Observants Ultramontains, érigea en Province la Custodie du Saint-Evangile sous le titre de Saint-Gabriel. Il est à remarquer que, nonobstant leur fusion dans l'Observance, les Déchaussés conservèrent leurs usages particuliers et leur dénomination ; ils furent appelés *Observants Déchaussés*.

Nous verrons saint Pierre d'Alcantara se séparer de la Province de Saint-Gabriel pour établir la Province de Saint-Joseph, avec des Constitutions plus austères encore.

Dès que la Custodie du Saint-Évangile, incorporée à l'Observance, eut été érigée en Province, sous le titre de Saint-Gabriel, le P. Ange de Valladolid en fut élu Ministre provincial. Ce zélé Supérieur résolut, de l'avis du Définitoire, d'établir un nouveau couvent d'Observants Déchaussés à Badajoz, pour répondre au désir exprimé depuis longtemps par les habitants de cette ville. Pierre d'Alcantara, qui avait à peine six ans de religion, fut, comme il a été dit, placé à la tête de cette fondation, et il fit revivre parmi les religieux confiés à ses soins la ferveur des premiers jours de l'Ordre séraphique. Ordonné prêtre en 1524, il remplit successivement la fonction de Gardien dans les couvents de Notre-Dame-des-Anges, de Placencia, de Badajoz, de Saint-Onuphre ; partout il fit preuve d'une sagesse consommée. Stimulés par l'exemple de ses grandes vertus, ses religieux marchaient à pas rapides vers la perfection.

Dans le courant de l'année 1538, les Observants Déchaussés de la Province de Saint-Gabriel tinrent leur Chapitre au couvent de la Mère-de-Dieu, près d'Albuquerque. Le P. Pierre d'Alcantara, alors âgé de trente-neuf ans, fut élu Provincial à l'unanimité des voix. Alarmé de cette nomination, il se jeta à genoux et conjura avec larmes ses frères de diriger leurs suffrages sur un autre que lui ; mais l'élection fut maintenue, et il dut s'incliner devant la volonté de Dieu.

Le premier soin du nouveau Provincial fut d'étudier les besoins spirituels du troupeau qui lui était confié ; à cet effet, il entreprit la visite des diverses communautés de la Province de Saint-Gabriel. Ses voyages se faisaient à pied, sans aucune provision, se contentant du peu de pain qu'il recevait de la charité. Le soir, il cherchait, pour y passer la nuit, quelque grange isolée et écartée où il fût à l'abri de l'empressement des populations. Si quelque bienfaiteur lui offrait l'hospitalité, il acceptait humblement l'invitation, et son passage était marqué le plus souvent par quelque grâce obtenue en faveur de son hôte.

A son arrivée dans un couvent, il ne voulait pour lui aucun adoucissement, et si fatigué qu'il fût on le voyait le premier à tous les exercices. De toutes les vertus monastiques, la charité fraternelle était peut-être celle que notre Saint recommandait à ses religieux avec le plus de sollicitude. En général il réprimandait avec une extrême douceur, et ne se montrait sévère qu'envers les médisants et tous ceux qui troublaient la concorde et la paix. Il recommandait tout particulièrement le soin des malades, et lui-même veillait à tous leurs besoins et les servait avec une tendre charité ; si l'infirmier le priait de lui laisser ce soin, il répondait : « C'est ici l'un de mes premiers devoirs, et s'il se commettait quelque négligence dans le soin des malades, c'est à moi plutôt qu'à vous que le Seigneur en demanderait compte. »

Les observances, établies chez les Déchaussés par le B. Jean de la Guadeloupe, ne paraissaient point à ce grand Serviteur de Dieu être encore suffisantes pour répondre aux aspirations de son âme. Après avoir consulté Dieu dans la prière, il écrivit des Constitutions plus complètes et plus austères que celles suivies jusque-là, et ce fut pour lui une immense consolation de les voir approuvées dans la Congrégation intermédiaire réunie, en 1540, au couvent de Placencia. Ces nouvelles Constitutions furent envoyées, avec les actes de la Congrégation, dans tous les couvents de la Province et mises aussitôt en vigueur. Notre Saint apporta toute sa sollicitude à affermir la réforme introduite dans la Province, à choisir pour les noviciats des maîtres zélés pour les règles de l'Institut, et à pourvoir les couvents de supérieurs animés de l'esprit de leur vocation et zélateurs de la sainte pauvreté.

Son triennat terminé, il ne songea qu'à vivre dans la retraite pour s'y livrer à la contemplation ; mais le Seigneur avait d'autres vues ; il le destinait à la fondation en Portugal de la Province de l'Arabida.

A cette époque, un grand Serviteur de Dieu, le P. Martin de Sainte-Marie, menait la vie érémitique sur les sommets escarpés de l'Arabida, qui dominent les bords de l'Océan. Cette solitude lui avait été donnée par son proche parent, le duc d'Aveiro, neveu du roi de Portugal. Ce vénérable religieux avait obtenu du Ministre général la faculté de recevoir les religieux de l'Observance qui voudraient partager son genre de vie ; dès le principe, un compagnon s'était joint à lui, et l'avait ensuite quitté. Le duc d'Aveiro, voyant avec peine l'isolement de son parent, écrivit à saint Pierre d'Alcantara, qu'il avait connu lors de son voyage à la cour de Lisbonne, et lui proposa de venir partager cette solitude. Le Saint en conféra avec le P. Jean d'Aquila qui revenait des Indes ; les deux religieux considérèrent que leur présence en Portugal pourrait être un moyen de propager la réforme des Observants Déchaussés ; ils partirent donc en 1542 pour l'Arabida, après en avoir obtenu la permission du Provincial.

Le Portugal possédait alors deux Provinces d'Observants et une Province d'Observants Déchaussés sous le titre de Notre-Dame-de-Pitié. Les pieux solitaires de l'Arabida allaient jeter les fondements d'une nouvelle Province. Leur vie se passait dans la prière, la contemplation et les pratiques de la plus austère pénitence; bientôt quelques autres religieux de la Province de Saint-Gabriel se joignirent à eux, et le Seigneur fut glorifié par la sainteté des pieux habitants de cette solitude.

Sur ces entrefaites, le P. Joseph de Calvi, Ministre général de l'Ordre, arriva en Portugal pour y faire la visite des couvents de l'Observance ; il resta singulièrement édifié de la pauvreté des Déchaussés de l'Arabida, et de la sainteté de leur vie. Il autorisa de nouveau le P. Martin de Sainte-Marie à recevoir des sujets, et son secrétaire, épris des vertus de notre Saint, demanda à rester dans cette solitude. Le marquis de Nissa offrit au Général de fonder un couvent auprès de Palhaïs ; Pierre d'Alcantara fut mis à la tête de cette nouvelle communauté et chargé de la direction du noviciat ; cette nouvelle Custodie d'Observants Déchaussés commença ainsi à s'étendre. Pendant son séjour à Palhaïs, notre Saint fit plusieurs apparitions à la cour de Lisbonne ; le prince Louis, frère du roi, et Dona Maria, leur sœur, qui s'étaient placés sous sa direction, voulurent s'entretenir avec l'homme de Dieu, et sa présence confirma le bien qu'il avait opéré, quelques années auparavant, parmi les seigneurs de la Cour.

Après deux années passées en Portugal, le Serviteur de Dieu et le P. Jean d'Aquila, son compagnon, furent rappelés par les supérieurs de la Province de Saint-Gabriel ; mais le P. Martin de Sainte-Marie étant passé à une meilleure vie, vers l'année 1548, ils y furent envoyés de nouveau, à la demande du prince don Louis, afin de pourvoir au bien de la Custodie naissante de l'Arabida, dont l'existence paraissait ébranlée. Le Saint y séjourna jusqu'à l'année 1551, et, en quittant le Portugal, il y laissa le P. Jean d'Aquila ; ce vénérable religieux fut mis plus tard à la tête de la Custodie, la fit ériger en Province en 1560, et la gouverna saintement pendant plus de trente ans.

A son retour dans la Province de Saint-Gabriel, saint Pierre d'Alcantara apprit qu'il venait d'être nommé Définiteur ; en 1553, il fut délégué pour assister, avec le Provincial, au Chapitre général convoqué à Salamanque.

Après le Chapitre, sentant le besoin d'un plus grand recueillement, il obtint d'aller habiter un couvent retiré de la Province, et là, déchargé des sollicitudes de la vie active, il se livra tout entier à la contemplation. Pendant ces jours de solitude et de saintes larmes, le Seigneur lui inspira d'établir une réforme plus austère encore que celle des Déchaussés de la Province de Saint-Gabriel. Don Rodrigue de Chaves, l'un de ses fils spirituels, lui obtint de Rome un bref à cet effet, et le Serviteur de Dieu communiqua au Provincial son dessein de se séparer de la Province. Celui-ci fut vivement affligé de cette résolution ; Pierre d'Alcantara était l'une des plus fermes colonnes de la Province de Saint-Gabriel, son départ allait faire un vide immense, il ne put néanmoins se dispenser de déférer au bref du Souverain Pontife.

Saint Pierre d'Alcantara prit avec lui le P. Michel de la Catena, le plus dévoué de ses disciples, et se rendit à Coria auprès de l'évêque de cette ville. Le prélat l'accueillit avec joie et mit à sa disposition un ermitage où le Saint passa plusieurs mois dans une profonde retraite ; il ne recevait que la visite de l'évêque, Enriquez de Almansa et celle de son frère, le comte Nieba, qui s'étaient déjà placés, l'un et l'autre, sous sa conduite. Dans ses longues oraisons, il se sentait embrasé plus que jamais du désir de réaliser ses projets.

Notre Saint éprouvait une amère tristesse, à la vue des maux dont l'Église était alors affligée et du nombre incalculable d'âmes entraînées dans l'apostasie par la révolte de Luther ; il sentait la nécessité d'arborer la Croix, à l'exemple de son séraphique Patriarche, de réunir l'élite de ses frères pour combattre sous cet étendard de salut ; il voulait envoyer les siens à la conquête des âmes, afin de réparer les pertes sensibles que l'apostasie faisait subir à l'Église.

Le Seigneur exaucera les vœux de son Serviteur ; dans les immenses travaux apostoliques, entrepris au XVIe siècle par les Frères-Mineurs de l'Observance, les disciples de saint Pierre d'Alcantara apporteront leur puissant concours, ils fourniront de nombreuses recrues d'ouvriers évangéliques aux Philippines, au Japon et aux vastes provinces du Nouveau-Monde.

Selon une révélation qu'il en avait eue de Notre-Seigneur, saint Pierre d'Alcantara, avant de rien entreprendre, se rendit à Rome pour soumettre ses vues au pape Jules III qui occupait alors la chaire de Saint-Pierre : c'était en l'année 1555. Dans la Ville éternelle, il voulut tout d'abord vénérer le tombeau des saints Apôtres ; il visita ensuite les autres sanctuaires, ne cessant de recommander au Seigneur l'affaire qui l'amenait aux pieds du Vicaire de Jésus-Christ. Le P. Clément Doléra, Ministre général, ne se montra point favorable aux vues de Pierre d'Alcantara ; il craignait que le projet ne préjudiciât à l'unité de l'Ordre, établie en 1517 par Léon X dans sa *Bulle d'Union,* et qu'il n'amenât des troubles et des divisions ; le Pape ne se montra pas plus disposé à seconder le nouveau projet.

Le Serviteur de Dieu accepta humblement ces premières épreuves, et sans se décourager, il redoubla ses austérités et ses prières. Quelque temps après, il sollicita du Souverain Pontife la faveur d'une nouvelle audience ; cette fois le Pape, contre toute attente, accueillit favorablement sa demande, et, de peur qu'il ne fût inquiété par les siens, il le sépara de la Province de Saint-Gabriel et le soumit à la juridiction du Maître général des Conventuels. Pierre d'Alcantara et ses disciples prirent dès lors le nom de *Conventuels réformés,* qu'ils gardèrent pendant six années, jusqu'au moment où le Saint retourna à l'Observance, et se remit définitivement sous la juridiction du Ministre général de tout l'Ordre des Frères-Mineurs.

A son retour en Espagne, le Serviteur de Dieu eut de rudes épreuves à traverser ; mais sa vertu triompha de tous les obstacles : c'est du reste sur la patience et l'humilité qu'il entendait fonder l'édifice de la réforme. Bientôt, plusieurs religieux d'un rare mérite vinrent se joindre à lui et se firent ses auxiliaires.

Le premier couvent de la réforme fut établi à Pédroso, au diocèse de Placencia, en un lieu qui lui avait été donné par don Rodrigue de Chaves. Rien de plus pauvre que cette demeure, digne en tout de Celui qui n'eut point une pierre pour reposer la tête : les cellules ressemblaient à des tombeaux ; les portes étaient si basses que pour entrer il fallait se courber. Lorsqu'on lui demandait la raison de cette disposition, le Saint répondait : « Ces portes rappelleront aux religieux qu'ils sont morts au monde, et que la porte du ciel est étroite. » Quant à la dimension du couvent lui-même, il n'a que trente-deux pieds de long sur huit de large. Le genre de vie des religieux semblait, par son austérité, dépasser les forces humaines. On se contentait pour toute nourriture d'un plat de légumes, préparé le dimanche pour le reste de la semaine ; le vin, la viande, le poisson, le laitage étaient absolument interdits. On y employait de longues heures du jour et de la nuit à la prière, à la contemplation et aux plus rigoureuses pénitences. Ces saints religieux prenaient fréquemment de sanglantes disciplines ; ils couchaient sur une planche, et quelquefois sur la terre nue ; les uns portaient sur leur chair des cilices de métal, d'autres des chaînes de fer ; leur vie se consumait ainsi à petit feu dans le martyre de la pénitence.

A vrai dire, cette existence des saints est un mystère ; mais le Calvaire n'est-il pas un mystère aussi, et le plus grand de tous ? Aux grands désordres qui, au XVIe siècle, entassaient dans l'Église de Dieu la désolation et les ruines, les héros de Jésus-Christ opposaient les grandes immolations.

Les maisons de la nouvelle réforme ne tardèrent pas à se multiplier. Le P. Pascal, ancien disciple du B. Jean de la Guadeloupe, avait établi en Galice quatre couvents de réforme, sous la juridiction du Maître général des Conventuels ; à la mort de ce vénérable religieux, ces maisons furent offertes à saint Pierre d'Alcantara, qui les unit à Pédroso et forma une Custodie, sous le titre de Saint-Joseph. En 1556, le Général des Conventuels confirma l'érection de la Custodie et nomma notre Saint Commissaire général des Conventuels réformés d'Espagne. Le nouveau Supérieur commença aussitôt la visite des cinq communautés, inculqua à ses religieux l'esprit de la réforme et mit partout en vigueur les observances suivies au couvent de Pédroso. Vers l'année 1558, le Saint se retira dans cette dernière communauté pour y vaquer à la contemplation ; c'est alors que Notre-Seigneur lui ordonna de se rendre auprès de sainte Thérèse, pour être son ange consolateur ; de cette époque, en effet, datent ses premières relations avec l'illustre réformatrice du Carmel.

A mesure que saint Pierre d'Alcantara approchait du terme de sa laborieuse et sainte carrière, les extases, les ravissements, les prodiges de toute sorte se multipliaient autour de lui ; les peuples l'environnaient de leur respect et de leur vénération ; l'œuvre qu'il avait eu mission de fonder, était visiblement bénie de Dieu ; les religieux de la réforme marchaient avec une héroïque ferveur sur les traces de leur Père. En l'année 1561, il réunit ses frères en Chapitre à Villaviciosa : neuf maisons avaient déjà été établies, d'autres étaient en voie de fondation ; le moment parut venu de profiter des facultés accordées par le Souverain Pontife, et d'ériger la Custodie en Province. Le Saint profita de cette réunion pour publier les Constitutions qui devaient régir la nouvelle réforme ; ces règles sont d'une perfection et d'une rigueur *qui n'ont été égalées jusqu'ici dans aucune des Branches de l'Ordre séraphique.*

Après la tenue du Chapitre, le Serviteur de Dieu écrivit à sainte Thérèse pour lui annoncer que la Custodie venait d'être érigée en Province, sous le vocable de saint Joseph, et, afin de l'engager à choisir ce glorieux Patriarche comme protecteur du premier monastère de la réforme qu'elle allait fonder ; la consolation qu'il venait d'éprouver, disait-il, en cette circonstance, lui avait fait oublier toutes les fatigues, les épreuves et les tribulations qu'il avait dû soutenir jusque-là.

Dans les premiers mois de l'année 1562, saint Pierre d'Alcantara et ses religieux s'adressèrent au Pape Pie IV afin d'obtenir de passer de nouveau chez les Frères-Mineurs de l'Observance, et d'être remis ainsi sous la juridiction du Ministre général de tout l'Ordre des Frères-Mineurs, tout en conservant leurs Constitutions particulières. Le Souverain Pontife, dans sa bulle *In suprema militantis Ecclesiæ*, accéda à leur demande. Ce document pontifical dit expressément que *les Conventuels Réformés d'Espagne ont adressé leur supplique au Saint-Siège, après en avoir délibéré en Chapitre et avoir reconnu que la réunion à l'Observance leur serait d'un plus grand secours pour la pratique de la perfection religieuse, et aiderait plus efficacement à la prospérité et à l'accroissement de la Province* (1).

A partir de ce moment, les disciples de saint Pierre d'Alcantara ne furent plus distincts de ceux du B. Jean de la Guadeloupe, qui possédaient alors la Province de Saint-Gabriel en Espagne et deux Custodies en Portugal ; réunis sous la dénomination d'*Observants Déchaussés* ou *Alcantarins*, ils formèrent l'une des Branches de la grande famille de l'Observance. Les Déchaussés se multiplièrent, non seulement en Espagne et en Portugal, mais encore dans les Philippines, le Japon, la Chine, les Moluques, le Nouveau-Monde ; ils ont eu jusqu'à vingt Provinces, et ont donné à la famille de l'Observance vingt-deux Serviteurs de Dieu que l'Église a placés sur les autels.

Le 18 octobre 1562, saint Pierre d'Alcantara allait quitter l'exil pour la patrie. Sur son lit de mort, il voulut encore parler à ses disciples, et les affermir dans les principes de la vie parfaite qu'il leur avait enseignée. « Mes fils, leur dit-il, en vous séparant du monde, Dieu vous a choisis pour ses serviteurs, il vous a aimés comme ses enfants, il a pourvu tant de fois à vos besoins d'une manière miraculeuse ! Correspondez à tant de bienfaits par une immuable fidélité à la Règle. Si des épreuves se présentent, souvenez-vous de notre séraphique Père, et de ses premiers compagnons. Gardez la sainte pauvreté ; la pauvreté est l'héritage que Jésus-Christ, né dans une étable et mort sur la croix, a laissé à nous et aux nôtres, et que saint François nous a transmis. » Il les

(1) Voir cette Bulle dans les *Annales Minorum*, t. XIX, p. 574.

exhorta ensuite à s'appliquer sans relâche à la pratique de l'oraison et de la pénitence, à marcher dans la voie de la croix, du renoncement et du sacrifice.

A l'approche de la dernière heure, le Saint fut consolé par une céleste vision ; sa cellule fut éclairée d'une lumière surnaturelle : la très sainte Vierge daignait lui apparaître tenant dans ses bras l'Enfant Jésus ; à côté de Marie se trouvait l'apôtre saint Jean. Après avoir reçu avec une piété angélique les derniers sacrements, il demanda pardon à ses frères des mauvais exemples qu'il prétendait leur avoir donnés ; il récita ensuite le psaume *Voce meâ ad Dominum clamavi,* et le premier verset du *Lœtatus sum,* et s'endormit dans la paix du Seigneur.

Au même instant, une lumière céleste éclaira sa cellule, et les anges firent entendre une suave mélodie. Après sa mort, le Saint apparut à sainte Thérèse et lui dit : « Bienheureuse pénitence qui m'a mérité une si grande gloire ! » La même Sainte connut, par révélation, le grand crédit dont saint Pierre d'Alcantara jouit auprès de Dieu : « Notre-Seigneur, dit-elle, m'a assuré qu'on ne lui demanderait rien au nom de son Serviteur, qu'il ne l'accordât. J'ai très souvent prié le Bienheureux de présenter au Seigneur mes demandes, et je les ai vues toujours exaucées. » Cette promesse de Notre-Seigneur se trouve rappelée dans le répons de la VIIIe leçon de l'Office du Saint : « Qui famulæ tuæ Teresiæ dixisti *te semper in Petri nomine petentes exauditurum,* exaudi propter eum preces nostras. »

Saint Pierre d'Alcantara était mort au couvent d'Arénas ; il fut enseveli dans l'église de cette communauté ; six résurrections et beaucoup d'autres miracles s'opérèrent par son intercession ; Clément IX l'inscrivit au Catalogue des saints. (Sa fête se célèbre en ce jour dans l'Église entière sous le rit Double ; dans tout l'Ordre de Saint-François et chez les Carmes Déchaussés, sous le rit Double de IIe classe. Les Frères-Mineurs de l'Observance ont *un Office propre* en son honneur.)

1713-11. — Imp. F. BLÉTIT, 40, rue La Fontaine Paris-Auteuil.